Heyne
Ex
Libris

W0210588

Stilblüten aus deutschen Klassen zimmern

Gepflückt und zusammengestellt
von Michael Hallstatt

Mit Cartoon von
Erik Liebermann, Manfred Limmroth
und Eberhard Holz

Wilhelm Heyne Verlag
München

HEYNE EX LIBRIS
Nr. 09/115

4. Auflage

Copyright © 1984 by Wilhelm Heyne Verlag GmbH & Co. KG., München
und litera-team, München
Umschlagfoto: Archiv für Kunst und Geschichte, Berlin
Albert Anker »Die Dorfschule«
Printed in Germany 1986
Umschlaggestaltung: Christian Diener, München
Gesamtherstellung: Pustet, Regensburg
ISBN 3-453-42126-4

DANKSAGUNG

Ich danke allen Schülerinnen und Schülern für ihre aufopferungsvolle unfreiwillige Mitarbeit und bitte sie sowie künftige Schülergenerationen herzlich, in ihrem Vernichtungskampf gegen die deutsche Sprache nicht zu erlahmen.

. . . und da kam ein Schriftstehler
zu uns in die Schul
und hat unseren Herr Lehrer
nach Stillblüten abgefragt

Kleine Vorrede

»Wenn unsere Vorfahren so gegessen hätten wie wir, wären sie schon längst tot« – eine unsterbliche Stilblüte, die mir genauso »freudig ins Auge fiel« wie jenem Hauptschüler »die kaputte Ruine« hinter der Wegbiegung. Und ganz im Gegensatz zu der »langen Zeit, die auch bei näherer Beleuchtung in Dunkel gehüllt bleibt«, liegt für uns »glasklar auf der durchsichtigen Hand«, was solch unfreiwillige Komik hervorbringt: der zermürbende Stress des Aufsatzschreibenmüssens.

Zweck unseres Fischzugs im bunten Stilblütenmeer ist es, Mißmutige aufzuheitern, Trübsinnige zu heilen und Gutgelaunte noch fröhlicher zu stimmen. Die reichhaltige Beute ist im wahrsten Sinne des Wortes erlesen – in Tausenden von Aufsätzen und Klassenarbeiten, deren Verfasser i-Männchen und Abiturienten waren, Berufsschüler, Hauptschüler, Realschüler und Gymnasiasten, männlichen und weiblichen Geschlechts.

Der bienenfleißig Blüten pflückende Herausgeber würde »vor Freude in der Karre« springen, wenn der erwartungsfrohe Leser bei der Lektüre das gleiche Gefühl bekäme wie der Opa, dessen »neue Zähne zu seiner Zufriedenheit ausgefallen« sind.

M. H.

I.

Was ist denn ein ...?

Alles verstehen, heißt alles begreifen
Ernst Pentzoldt

Was man gut begreift,
läßt deutlich sich ausdrücken,
gar schnell die rechten Worte
in den Sinn rücken.

Nicolas Boileau-Despréaux

Eine Hängematte besteht aus vielen Löchern, die mit festen Stricken miteinander verbunden sind.

Ein Reflexe ist, wenn mir der Rolf gegen das Schienbein tritt und ich haue ihm dann auf die Nase.

Das Rechteck ist ein Viereck, das in jeder Ecke einen rechten Winkel hat. In besonderen Fällen sagt man zu dem Rechteck auch Quadrat.

Ein Kreis ist eine runde Linie, bei der man nicht weiß, wo sie anfängt.

Trikolore nennt man eine Frau, die drei Männer hat.

Ein Kreis ist ein rundes Quadrat.

Ein Balkon ist ein nach drei Seiten offener Raum, der an einer Hauswand angebracht ist. Die vierte Seite kann man von innen abschließen.

Ein gleichschenkliges Dreieck ist ein Dreieck, das immer gleich lang ist, egal von welcher Seite man es betrachtet.

Zyklopen waren Menschen, die am Kopf dort, wo andere nichts haben, ein Auge besaßen.

Eine Halbinsel ist eine Insel, die noch nicht ganz fertig ist.

Die Erinnyen sind so bösartige Weiber, daß ihnen Giftschlangen aus dem Körper wachsen, wo andere Frauen Haare haben.

Potenz haben nur Männer. Man kann sie sehen, wenn der Mann nackt ist. Bei Frauen ist nichts zu sehen.

Eine Null ist nichts und hat keinen Wert. Nur auf den Geldscheinen hat man was von ihr, wenn sie nach einer Zahl auftritt.

Der griechische Philosoph Platon war entweder zu schüchtern oder er hatte keine Lust auf Frauen. Deshalb nennt man noch heute eine Liebesaffäre, bei der der Mann und die Frau nicht intim werden, platonisch.

Das Orakel von Delphi war eine weise Frau, die zweideutige Antworten gab.

Die Sirenen waren ein Frauenchor, der sang, um damit vorüberreisende Männer umzubringen.

Ein Einzelfall ist meistens etwas sehr Seltenes.

Das Quadrat ist gleich groß, wenn nicht, ist es ein Rechteck.

Wenn es regnet, wird es naß. Aber nicht immer, wenn es naß ist, regnet es.

II.

LIEBE

ist die Urmutter der Menschheit

Vauvernargues

Verlangen kann ein Menschenherz
nichts besseres auf Erden,
als fühlen Liebesleid und -schmerz,
und dann begraben werden.

Friedrich Rückert

Mann und Frau lassen sich schon von außen her auf einen Blick unterscheiden. Da sind zunächst einmal die Haare, sie sind beim weiblichen Geschlecht länger, obwohl das heutzutage manchmal schwer zu erkennen ist, vor allem von hinten.

Der Geschlechtslehrer Oswalt Kolle hat den Männern gezeigt, was sie mit ihren Frauen alles machen können, damit sie mehr Freude in der Liebe haben, und umgekehrt.

Damals hat Oswalt Kolle mit seiner geschlechtlichen Aufklärung vieles in Bewegung gebracht.

Dann folgte das Zeitalter der Aufklärung. Da lernten die Leute endlich, daß man sich nicht mehr durch die Biene und die Blüte fortpflanzt oder sich die Kinder vom Storch bringen läßt, sondern wie man sie selber macht.

Die Geschlechtsteile braucht man in der Hauptsache für das Leben zu zweit.

Unterhalb des Nabels befindet sich beim Mann der sogenannte kleine Unterschied, der aber von Zeit zu Zeit durchaus größer werden kann.

Bei den Frauen gibt es, im Gegensatz zu den Männern, die dort ihren Piephahn haben, in der Leibesmitte eine geheimnisvolle Öffnung, bei der man nicht so recht durchblickt.

Erst wenn ein Ei einen Sprung bekommen hat, kann sich das Kind im Bauch der Mutter weiterentwickeln.

Zum Fortpflanzen ist der Mensch an bestimmte technische Voraussetzungen gebunden. Das ist vor allem beim Mann der Fall. Die Frau ist nicht an eine bestimmte Paarungszeit gebunden.

Wenn beim Mann die Kräfte der Natur nachlassen, gibt es heutzutage Potenzmittel, die den Penis weit über sich hinauswachsen lassen.

Im Laufe der Zeit haben die Forscher dann entdeckt, daß sich schon bei ganz kleinen Kindern allerhand rührt.

Vor der Aufklärungswelle war der Geschlechtsakt eine Schweinerei, über die man nicht spricht. Heute ist sie erlaubt und macht Spaß.

Bei der Vererbung, die im allgemeinen von den Eltern auf die Kinder geschieht, hält man sich am besten an die Mendelschen Gesetze. Wenn man diese übertritt, wird man mit einem Wasserkopf oder so bestraft.

Die sogenannten Geschlechtsteile kann man nur zu zweit richtig benutzen.

Bei manchen Völkern haben sich die Verwandten gegenseitig befruchtet. Das hatte später Folgen.

Früher, als Amerika noch nicht entdeckt war und noch nicht überall englisch gesprochen wurde, hießen die Callgirls noch Mätressen.

Die Christen wollten, daß sich alle Menschen lieben, und sie taten das auch bei jeder Gelegenheit. Da hatten aber die Römer was dagegen.

Die Römer verfolgten die Christen,
weil sie die öffentliche
Liebe propagandierten.

III.

Wo lebt sich's besser,
als im Schoße der

FAMILIE

J. F. Marmontel

Ein glückliches Familienleben zwischen
Mann und Weib und ihren Kindern ist der
Treffer unseres Daseins. Auf ihm beruht
der Staat, die Sittlichkeit, die Ruhe
und im großen ganzen unsere körperliche
und geistige Gesundheit.

Detlef von Liliencron

Sägt die doktrinären
Scheihser vom
Elterntrohn!!!

»– – –«

Von mir zu Hause, von meinen Eltern und meinen Schwestern gibt es nichts zu erzählen. Bei uns geht es immer ziemlich gewöhnlich zu.

Meine Mutter hat den ganzen Tag im Garten gearbeitet. Vor allem hat sie sich um das viele Unkraut gekümmert, das ihr ziemlich zu schaffen machte. Als es dunkel wurde, hatte sie alles ausgezogen.

Am Wochenende läuft mein Vater immer herum wie der letzte Mensch. Er trägt eine ziemlich dreckige Cordhose, ein ausgefranstes Hemd und manchmal einen Pullover mit Löchern am Ellbogen. Aber sonst ist er ein vertrauenswürdiger Mensch.

Die sogenannten Schundhefte hat mir mein Vater gestrickt verboten, weil ich sonst Sachen lernen täte, die er lieber für sich behält.

Mein Bruder verdient sich nebenher manche schnelle Mark, indem er in der ganzen Nachbarschaft bei suchenden Frauen für die abwesenden Männer einspringt und kurz zupackt.

Meine Oma ist schon sehr alt, über achtzig glaube ich, denn am Kopf und an den Händen schlottert sie vor lauter Alter.

Meine Omi redet nur Dialekt, aber das jedesmal sehr viel.

Meine Oma stöhnt immer, weil, je steifer der Opa wird, umso mehr muß sie ihn bedienen.

Wenn ich meine Oma besuche, bekomme ich immer viele Küßchen und Spaghetti mit Tomatensauce.

Die neue Wohnung meiner Oma liegt sehr günstig für sie, weil sie gleich gegenüber im Supermarkt ihre täglichen Geschäfte erledigen kann.

Mein Onkel Werner war ein sehr gescheiter, aber auch ein sehr bescheidener Mensch. Sogar als er das Bundesverdienstkreuz verliehen bekam, sagte er immer wieder: »Macht nicht soviel Aufhebens davon, die Welt besteht auch leicht ohne mich.« Jetzt nach seinem Tod zeigt sich, daß er wieder einmal recht hatte.

Meine Eltern sind katholisch und verheiratet mit einem Kind. Das Kind bin ich.

Mein Vater schreibt nie Briefe, weil er sich nicht mit der Schreibmaschine versteht und seine Hand unleserlich ist.

Als meine liebe Oma starb, dauerte ihr plötzliches Lebensende mehrere Tage lang.

Vor drei Monaten hat mein Bruder geheiratet. Seither macht er einen sehr befriedigten Eindruck.

Ich habe eine Schwester. Sie ist ziemlich viel älter als ich. Sie ist schon wie eine richtige Frau, äußerlich ist wenigstens alles da, was man dazu braucht. Deshalb hat sie auch ein eigenes Zimmer. Das braucht man, wenn man erwachsen wird, sagt sie. Ich habe noch kein bißchen Busen, deshalb muß ich noch mit meinem Bruder schlafen.

Mein neues Schwesterchen gefällt mir sehr. Aber daß sie immer brüllt, gefällt mir nicht so sehr. Schade, daß sowas nicht leise zu kriegen ist.

Ich gab meiner Schwester ein absolutes Schweigeverbot, damit sie meinen Eltern ja nichts von der Sache sagte.

Mein Bruder hat zwei gierige braune Augen. Links und rechts am Kopf stehen ihm zwei große Ohren ab. Sein kurzer Hals kommt gleich aus dem Kragen. Seinen abrasierten Schnauzer sieht man kaum. Seine Lippen geben wenige Worte von sich. Aber zu Weihnachten und zu meinem Geburtstag macht er mir immer schöne Geschenke.

Meine Schwester hat jetzt einen Ackademiker zum Freund. Meine Mutter sagt ihr dauernd, daß sie den bloß heiratet, weil dann wenigstens einer in der Familie was besseres ißt.

Als meine kleine Schwester auf die Welt kam, wurde ich immer hinter sie geschoben. Sie durfte überall mitreden, obwohl sie noch nicht einmal sprechen konnte.

Meine große Schwester hat gesagt, ich soll draußen bloß nicht alles herumerzählen, was bei uns los ist, sonst bekommt unsere Familie einen schlechten Geruch.

Meine Schwester ist sehr krank.
Sie nimmt jeden Tag
eine Pille, aber sie tut das
heimlich, damit sich unsere
Eltern keine Sorgen machen

Meine Schwester schläft für ihr Leben gern, egal wo und bei wem. Vor allem Samstag- und Sonntagsvormittags ist sie lange bettlägerig.

Meine Schwester trägt Perlonstrümpfe, die bis in die Taille gehen.

Mein Vater schimpft immer, weil meine Mutter so viel Geld verbraucht. Er sagt ihr, als er sie geheiratet hat, sei sie nicht so ausgiebig gewesen.

Meine Schwester ist viel kleiner als ich, obwohl sie meine große Schwester ist. Sie zieht immer Schuhe mit ganz hohen Absätzen an, damit sie stöckelnd über sich hinauswächst.

Von meiner Schwester bekam ich eine Sparbüchse. Sie ist ein dickes Schwein und hat einen Schlitz auf dem Rücken. Als ich sie schüttelte, klapperte es in ihr schon erwartungsvoll.

Meine Schwester hat einen italienischen Freund. Er sieht sehr gut aus und ist immer sehr leschär angezogen: offenes Hemd und Hose.

Ich habe meine Oma sehr lieb. Damit ich sie immer bei mir habe, habe ich sie neben meinem Bett an die Wand genagelt. Manchmal, wenn ich sehr allein bin, nehme ich sie herunter und lege sie neben mir auf das Kopfkissen.

Wenn meine Oma mit meinem Opa gestritten hat, geht sie jedesmal ins Café und verschafft sich dort mit zwei Stücken Schwarzwälder Kirschtorte Befriedigung.

Mein Großvater geht seit dreißig Jahren jede Woche zu seinem Kegelabend. Er sagt, er habe da noch nie einen fahren lassen.

Nach der Trauerfeier haben wir unserem Opa zur Oma ins Grab gelegt, damit er nicht so alleine ist.

Meine Tante Luise ist aber auch deshalb etwas besonderes, weil sie schon seit Jahren 50 ist.

Meine Schwester wird im nächsten Monat ihren zukünftigen Mann heiraten. Bereits jetzt hängt sie voller Geigen und sagt, bald wird sie den siebten Himmel fühlen.

Meine Schwester ist klein, aber zum Ausgleich ziemlich dick. Sie hat immer einen fröhlichen Scherz auf den Lippen, der uns ein brüllendes Gelächter entlockt.

Meine Schwester ist von weiblichem Geschlecht, was nicht leicht zu übersehen ist.

Ich habe eine ältere und eine jüngere Schwester, wovon die ältere auch als solche im Krankenhaus arbeitet. Wenn sie nach Hause kommt, riecht man es noch immer.

Neben meinem Bruder habe ich auch noch eine Schwester. Sie ist schon viel älter als ich und riecht unheimlich gut. Ich könnte am liebsten den ganzen Tag an ihr herumschnüffeln.

Meine Schwester ist noch so klein, daß sie noch kein richtiger Mensch ist. Sie liegt den ganzen Tag herum und brüllt die meiste Zeit. Mehr ist dazu nicht zu sagen.

Während ich mehr nach meinem Vater aussehe, gleicht meine Schwester mehr meiner Mutter. Dies betrifft vor allem das Geschlecht.

Meine Mutter ist die einzige weibliche Busfahrerin im städtischen Fuhrpark. Sie ist völlig unfallfrei, denn es ist ihr noch nichts Gefährliches ins Fahrgestell gekommen, weil sie immer aufpaßt beim Verkehr.

Geld ist unheimlich ungesund, weil es wimmelt von Bazillen, sagt meine Mutter. Sie weiß das genau, weil ihr das Geld nur so durch die Finger rinnt. Sie ist seit zehn Jahren Kassierer auf der Sparkasse, wo sie den ganzen Tag Geld ausgibt. Manchmal nimmt sie auch was ein.

Meine Mutter ist eine schöne Frau und man sieht es ihr immer noch an, daß sie einmal jung war.

Meine Oma ist schon alt wie ein Stein. Ihr Gesicht ist ganz zerknittert, vor allem ihre Stirne ist vielfältig. Ihre Hände zittern wie Espenlaub, aber nicht immer, manchmal ist sie auch ruhig gestellt.

IV.

Die Straßen dienen lediglich dem

VERKEHR

Gottlieb v. Jagow

Der Aufklärung der Verkehrsteilnehmer
über die Gefahren des Straßenverkehrs
kommt besondere Bedeutung zu; denn wer
die Gefahren kennt, der wird ihnen
weniger leicht erliegen als der, dem
sie unbekannt sind.

Hans-Christoph Seebohm

Mein Vater schimpft jede Woche ein paar Mal, daß er wieder Stauungen beim Verkehr hatte.

Zebrastreifen haben sich beim Verkehr als gute Verhütungsmittel erwiesen.

Mein Bruder hat mit seinem Auto einen schweren Unfall gebaut. Er ist mit Karacho in die Kurve gerast, da lag nichtsahnend eine Ölpfütze, es hat ihn geschleudert und zweimal überschlagen. Aber er hat großes Glück gehabt und ist mit einem Dachschaden davongekommen.

Bei vielen Einbahnstraßen darf man nur von der anderen Seite hineinfahren.

Vor allem junge Männer sind beim Verkehr rücksichtslos. Sie glauben, sie seien die Größten, wenn sie nur schnell sind.

Wie die Postkutschen beweisen, hat es auch damals schon Verkehr gegeben, nur ging er länger und war auch gefährlicher. Oft wurde er von übelwollenden Männern vorzeitig beendet, meist mit der Waffe in der Hand.

Die Verkehrszeichen muß man sehr genau beachten. Wer nicht aufpaßt, dem kann es passieren, daß er einen Fußgänger umfährt. Besonders schlimm ist es, wenn der dabei totgeht. Den wird man nie wieder los, der bleibt das ganze Leben an einem hängen.

Kinderunfälle entstehen meistens durch unvorsichtiges Spielen an gefährlichen oder verbotenen Stellen.

Wenn die Ampeln ausfallen, müssen Polizisten einspringen und den Verkehr selber übernehmen, so gut sie halt können.

Der Zeppelin konnte als erster durch die Luft bis nach Amerika schiffen.

Zum Glück war bei dem Unfall nichts passiert, nichts Menschliches, nur Blechschaden. Meine Mutter wartete, bis die Polizisten kamen und zeigte ihnen dann alles, was sie sehen wollten.

Der Schutzmann unterbrach den munter fließenden Verkehr immer wieder abrupt. Er wäre sonst nicht fertig geworden mit ihm, er wurde heftig bedrängt, von vorne und von hinten. Immer wenn es von einer Seite zu viel wurde, hob er die Arme hoch und drehte sich um.

Solange der Schutzmann auf der Kreuzung seine Arme quer gespreitzt hat, läßt er keinen fahren.

Da kam auch schon der Rettungswagen angebraust, mit Blaulicht und Matterhorn.

Aber wenn der Unfalltod mitspielt, zieht der Betroffene meist den kürzeren.

Wenn man in die Schule kommt, darf einen der Verkehr nicht mehr schrecken.

Vor allem Frauen fahren gern oben ohne und wundern sich dann, wenn sie die Folgen spüren.

Kurz vor Reutlingen ereignete sich das große Busunglück, bei dem die meisten der insgesamt 48 Toten ums Leben kamen.

Ich dachte schon, wir müßten noch stundenlang in dem Stau bleiben, aber da tauchte eine Bedürfnisausfahrt auf. Mein Vater sagte, die nehmen wir jetzt einfach schon, obwohl wir erst bei der übernächsten raus müßten.

Die Straßen sind zu einer gefährlichen Waffe geworden. Man muß sehr aufpassen, daß man dadurch nicht verletzt oder gar getötet wird.

Schülerlotsen und Schülerlotsinnen, die für die Schüler den Verkehr regeln, müssen sehr aufpassen, daß nichts passiert.

Zwar gingen die Unfälle zum Glück unter Alkoholeinfluß zurück, aber wir müssen die Unfalltoten weiterhin heftig bekämpfen.

Die Autofahrer vermehren sich jedes Jahr mit großer Geschwindigkeit, vor allem weil jetzt immer mehr Frauen dazustoßen.

Wenn der Schutzmann die Arme gespreizt hat, will er damit verkünden, daß er keinen fahren läßt, weder von vorne noch von hinten.

Diplomaten passiert bei Unfällen nie etwas, sie sind immun dagegen.

eh

V.

Das

TIER

taugt zu allem, was es soll, vollkommen.

Johann Heinrich Pestalozzi

Die Nähe eines Tierchens
verscheucht die Düsterheit des
Alleinseins. Es bringt ein
bißchen Farbe und Freude in das
Leben des Einsamen.

Gabor von Vaszary

Auf ein Pferd darf man nur von vorn losgehen. Wenn man von hinten kommt, tritt es aus.

Die Aale und viele andere Fische legen Leichen ab. Nur so können sie sich vermehren.

Egal wo eine Katze herunterfällt, immer ist bei ihr da unten, wo sie ihre Pfoten hinhält. Deshalb kommt sie auch immer schnell auf die Beine.

Das Auge des Adlers ist so scharf, daß es hoch in der Luft eine Maus aus ihrem Loch kriechen sieht.

Eines der nützlichsten Tiere, das wir besitzen, ist das Schwein. Von ihm kann man alles verwenden, das Fleisch von vorn bis hinten, die Haut für Leder, die Borsten für Bürsten und den Namen als Schimpfwort.

Der Schäferhund mußte erschossen werden, weil er den Briefträger, den Hausarzt und andere Hunde gebissen hatte.

Die Schafe sind besonders nützliche Tiere. Solange sie jung sind, dienen sie dem Essen, später macht man Pullover aus ihnen.

Auf dem Dorf haben die Spatzen ein leichteres Leben. Dort finden sie oft wohlschmeckende Äpfel, die ihnen die Pferde voll Dampf hinterlassen.

Wenn der Winter kommt, hängt sich die Fledermaus in der Scheune auf, weil sie nichts mehr zu essen hat.

Die Kühe brauchen nicht viel Futter, weil sie alles zweimal fressen.

Der Uhu und der weibliche Uhu, der Eule heißt, sind Nachttiere. Das heißt, sie sehen nachts besser als die Menschen. Dafür sind sie am Tage sehr kurzsichtig. Damit sie nicht an die Bäume prallen, schlafen sie bis zum Einbruch der Dunkelheit.

Zu meinem Geburtstag habe ich einen süßen kleinen Hund von meinen Eltern geschenkt bekommen, einen Erdölterrier.

Heute wird bei den Kühen eine künstliche Befruchtung vorgenommen. Das ist praktisch und billiger, weil da der Tierarzt, der den Stier ersetzt, gleich mehrere Kühe auf einmal hernehmen kann.

Die künstliche Befruchtung macht ganz allein der Tierarzt mit dem Bullen.

Die Katzen haben alle Gefühle in den Schnurrhaaren.

Die Bernhardinerhunde finden die Menschen auch unter tiefem Schnee, weil die Verschütteten riechen, wenn sie tot sind.

Es waren fast alle Rassen vertreten. Zur Begutachtung mußten die Besitzer mit ihren Hunden vor die Jury treten, die meisten wedelten dabei freundlich mit dem Schwanz.

Der Walfisch ist gar kein richtiger Fisch, weil er ein Säugetier ist. Deshalb hat er auch ein so großes Format.

Das Kamel benützt man in der Wüste als Fahrzeug. Deshalb heißt es auch Wüstenschiff. Seinen Tank hat es oben auf dem Rücken. Zu seinem Antrieb reicht Wasser völlig aus. Es geht damit auch sehr sparsam um.

Der Walfisch ist nicht Fisch noch Fleisch, weil er eigentlich ein Säugetier ist. Aber es macht ihm nichts aus, immer im Wasser zu leben. Im Gegenteil. Auf dem Land könnte er gar nicht, weil er keine Beine hat.

Schafe dienen zur Wolle oder zum Käse. Wenn sie jung sind, auch zum Essen, aber da heißen sie noch Lamm.

Hunde haben zwei besonders gut ausgebildete Sinne: das Schnüffeln und das Beinheben.

Die Kuh ist ein vielseitiges Tier: Sie gibt Milch, Butter, Käse, Schlagsahne, Rahm und Kalbfleisch.

Kühe sind heutzutage nicht mehr so wichtig wie früher, vor allem in den Großstädten. Hier gehen wir in den Supermarkt und holen uns Tütenmilch. Die ist außerdem noch hygienischer.

Die Ziege ist das einzige weibliche Säugetier, das einen Bart trägt.

Wenn dann die Strahlen der Frühlingssonne den Boden wärmen, entpuppt sich die Raupe plötzlich als Schmetterling.

Nachdem sich der Kartoffelkäfer lange Zeit zurückgehalten hat, vermehrt er sich jetzt wieder wie der Teufel.

Der Hase hat viele Feinde. Vor allem Raubvögel und Jäger bringen ihm den Tod. Wenn der Jäger einen Hasen sieht, sucht er sein Heil in der Flucht, die er hakenförmig ergreift.

Der Hase ist nicht nur für seine Furchtsamkeit bekannt, sondern auch für seinen guten Geschmack.

Die Seidenraupen haben sich in der Neuzeit so weiterentwickelt, daß sie jetzt auch Kunstseide spinnen können.

Weil die Schnecken Angst haben, daß ihnen ihr Haus geklaut wird, schleppen sie es immer mit sich herum.

Schnecken sind besonders ängstliche Tiere. Wenn man bei ihrem Haus anklopft, ziehen sie sich sofort in dasselbe zurück, schlagen die Türe zu und verriegeln von innen.

Der Tierpark Hellabrunn ist toll. Da kann man Tiere sehen, die gibts gar nicht.

Das Schwein trägt seinen Namen nicht umsonst.

Die Schnecke ist männlich und weiblich zugleich, je nachdem wie sie Lust hat.

Leider bekomme ich keine Katze, weil meine Mutter einen Vogel hat.

Der Kuckuck legt seine Kinder einfach in andere Neste, um sich so die Miete zu ersparen.

Den ersten Brauereiwagen zogen vier schimmelige Pferde.

Wenn junge Hunde das Licht der Welt erblicken, können sie das gar nicht. Sie sind erst mal blind. Erst später gehen ihnen die Augen auf.

Viele Hunde gehen gern ins Wasser. Manche leben sogar immer dort, das sind die Seehunde.

Nach der Nachtigall singt die Lerche am schönsten und am höchsten in der Luft. Ihre Eier legt sie dafür am tiefsten auf die Erde. Die Raubvögel dagegen legen ihre Eier am höchsten hinauf, mit dem Singen ist es dafür bei ihnen nicht weit her.

Nicht alle Vögel können singen. Das hängt auch mit der Größe zusammen. Der kleinste bei uns, die Lerche, singt am schönsten, während der Pfau nur noch einen Koller herauskriegt.

Singvögel führen ein ziemlich gefährliches Leben. Bei uns werden sie von der Katze gefressen, und wenn sie davonkommen und vor dem Winter nach Süden fliegen, werden sie von den Italienern erschossen und in die Pfanne gehauen.

VI.

GLEICHHEIT

ist das heiligste Gesetz der Menschen

Friedrich von Schiller

Die Gleichheit vor dem Gesetz
ist ein Betrug, denn sie trägt nicht
den natürlichen und sozialen
Erfordernissen Rechnung und führt
tatsächlich zur Ungleichheit.

Anatole France

Seit vielen Jahrtausenden bestehen zwischen Frau und Mann gewisse Unterschiede.

Die Männer haben primäre Geschlechtsmerkmale, die Frauen sekundäre Geschlechtsmerkmale.

Es hat sich herausgestellt, daß der Unterschied zwischen Mann und Frau doch nicht so groß ist wie ursprünglich angenommen. Deshalb wurde er durch das Grundgesetz vollends abgeschafft.

Die Gleichberechtigung hat die Frau den Männern völlig gleich gemacht. Aber an vielen Stellen gibt es noch immer erhebliche Unterschiede. Aber im Laufe der Zeit wird das sicher auch noch verschwinden. Man muß nur fest daran arbeiten.

Die Frauenbewegung hat es fertiggebracht, daß das Geschlecht kein Hindernis mehr ist.

Zuerst hatte das Matriarchat das Sagen, dann das Patriarchat und jetzt das Sekretariat.

Frauen bekommen in vielen Berufen für gleiches Tun weniger Geld als Männer, weil sie leichter zu haben sind.

Frauen sind in den letzten Jahrzehnten schwerwiegende Teile unserer Wirtschaft geworden.

Durch die Gleichberechtigung ist die Frau auch im Beruf zur Nebenbuhlerin geworden.

Die Feministinnen wollen erreichen, daß in der Ehe die Männer und Frauen die gleichen Funktionen haben. Mein Vater sagt, er glaubt nicht, daß er das lange durchhält.

Durch die Gleichberechtigung kann jetzt die Frau alles machen, was vorher nur die Männer konnten.

Emanzipierte Frauen tanzen nicht mehr nach der Pfeife der Männer, sondern machen ihre eigenen Seitensprünge.

Die Frauen nahmen sich jetzt alle ihre Rechte und erkämpften auch neue. Dadurch nahmen sie in den letzten Jahren an Gewicht zu.

Früher haben die Frauen mit der Heirat ihren Namen und ihre Unschuld verloren, später nur noch ihren Namen und jetzt dürfen sie den auch noch behalten, wenn sie wollen.

Bei den frühen Menschen herrschte das Mutterrecht, das heißt, die Väter hatten damals noch weniger zu sagen als heute.

»Sicherlich Fernsehansager aus dem vorigen Jahrhundert . . .«

VII.

Die größte

BERÜHMTHEIT

besteht heute darin,
Bewunderung oder Abscheu zu erregen,
ohne gelesen worden zu sein.

Albert Camus

Die Menschen machen ihre Rechte
an einem bekannt gewordenen Namen
auf merkwürdige Art geltend,
da ist kein Unterschied zwischen
Wunderkind, Komponist, Dichter
oder Raubmörder.

Hermann Hesse

Als einzigen Schmuck trug die Prinzessin Diana ihren Ehering. Sonst hatte sie bei der Hochzeitsfeier nichts angelegt.

Adenauer tat sich mit den deutschen Männern und Frauen zusammen, damit sie gemeinsam alle wieder etwas hochkriegten.

Alfred Brehm war Direktor im Zoo und erfand dort das Tierleben.

Adolf Hitler wurde so verehrt, daß sie ihn überall aufhängten.

Bismarck war der längste von allen deutschen Reichskanzlern.

Kolumbus wurde nicht ohne Grund dafür ausgewählt, Amerika zu entdecken. Bevor er dorthin lossegelte, hatte er bereits das Ei erfunden.

Die Periode der Königin Elisabeth dauerte über 30 Jahre.

Im Reiche Karls des Großen ging die Sonne nicht unter. So mußten die Menschen im Hellen schlafen.

Kaiser Karl V. hatte einen goldenen Bullen.

Immanuel Kant ist einer der bekanntesten deutschen Philosophen. Berühmt wurde er vor allem durch die Erfindung des katholischen Imperativs.

Als Jeanne d'Arc bei lebendigem Leibe verbrannt wurde, waren die Franzosen sehr traurig. Nun hatten sie keine Jungfrau mehr.

Johanna war bereit, Tag und Nacht der französischen Armee zur Verfügung zu stehen.

Die Jungfrau von Orléans machte einen großen Fehler, als sie mitten in der Entscheidungsschlacht einem englischen Soldaten das Leben schenkte.

Martin Luther stand mit einem Bein im Mittelalter, mit dem anderen in einer noch nicht vorhandenen Neuzeit. Trotzdem vermehrten sich seine Anhänger rasch.

Als Martin Luther vom Reichstag zurückkehrte, folgte ihm der Bulle des Papstes auf dem Fuß.

Am letzten Oktobertag 1517 schlug Luther zornig seine 95 Prothesen an das Portal.

Napoleon streckte seine Hände auch nach Moskau aus. Aber wegen der furchtbaren russischen Kälte verbrannte er sich dort die Finger.

Napoleon hatte meistens die rettende Idee, die ihn zum Erfolg führte. Aber für die Liebe hatte er kein Organ.

Napoleon war ziemlich klein und schob, wenn er gerade stand, immer seine Hand untern Rock. Meistens war es die rechte, es kann aber auch die linke gewesen sein.

Napoleon wurde mit St. Helena auf eine Insel verbannt.

Notgedrungen ließ sich Napoleon später auf Sankt Helena nieder, von der er auch nicht mehr herunterging. 1819 starb er auf ihr.

Die wichtigste Eigenschaft von Napoleon war seine Größe: er war sehr klein. Auf seinem Pferd wurde das aber ziemlich ausgeglichen.

Alexander der Große ist vor allem auch dadurch bekannt geworden, daß er als erster Grieche keinen Bart trug.

Cicero war ein hervorragender Redner, und alle seine Vorträge hielt er in fließendem Latein.

Lucrezia Borgia war so verdorben und lasterhaft, daß sie sogar den Papst Alexander zu ihrem Vater machte.

Die berühmteste deutsche Dichterin ist die Hedwig Kurzmaler. Sie hat über zweihundert Romane geschrieben, die alle Bestseller waren. Sie ist auch die Erfinderin des Fortsetzungsromans und des Happy-Ends, das immer den Schluß ihrer Bücher krönte.

Die Filmschauspielerin Marlene Dietrich ist vor allem deshalb so berühmt geworden, weil sie von Kopf bis Fuß auf Beine gestellt war und diese auch freigiebig gezeigt hat, wobei sie dazu sang.

Obwohl Mona Lisa nicht weiß, wo sie herstammt und auch nicht, wie ihr richtiger Mann heißt, zieht sie seit über 400 Jahren mit ihrem unergründlichen Lachen die Menschen in seinen Bann und ins Museum.

Die sogenannte göttliche Sappho war die größte lesbische Dichterin des Altertums.

Madame de Staël war ziemlich häßlich, nur ihre Arme waren schön gebildet, weshalb sie sie auch gerne zur Schau stellte. Dafür war sie aber sehr klug, weshalb sie den Männern damals ziemlich auf die Nerven ging. Die Deutschen benannte die Staël zum Volk der Dichter und Denker, was uns bis heute anhängt.

Am Ende seines Lebens wurde Cäsar dann von seinem undankbaren Sohn Brutus erstochen.

Als die römischen Soldaten durch den Wald zogen, hörten sie es plötzlich hinter den Büschen gewaltig rauschen. Das war Hermann der Cherusker und seine Germanen.

Cäsar wollte unbedingt Ägypten erobern. Als er dort einzog und die Königin sah, verliebte er sich sofort in Elisabeth Taylor.

Kleopatra war, bevor sie dem Cäsar begegnete, die Gattin ihres eigenen Bruders. So blieb zunächst alles in der Familie. Aber damit war es jetzt aus.

Als Cäsar den Saal betrat, wußte er, er sah die schönste Königin, die je auf einem Thron saß. Aber er sah nicht, daß Kleopatra es faustdick hinter den Ohren hatte.

Bei den alten Griechen gab es einen Damokles. Der hatte sein Schwert über sich gehängt, damit er es immer schnell griffbereit hatte.

Anakreon war ein berühmter griechischer Dichter, der lange vor Christi Geburt gelebt hat. Deshalb nennt man alles alte anakronistisch.

Maria Theresia war eine vielbeschäftigte Frau, die sich um tausend Sachen wie Verwaltung, Regierung und Kriege gegen Preußen kümmern mußte. Trotzdem fand sie bei alledem Zeit, nebenher mit Hilfe ihres Gemahls noch sechzehn Kinder hervorzubringen.

Casanova wilderte in vielen Häusern und Betten und erlegte sein Damenwild fast immer.

Der Fürst Metternich gründete zuerst die Heilige Allianz, dann erfand er den Sekt.

Micki Lancelot war zu seiner Zeit ein berühmter Künstler. Den größten Erfolg hatte er mit seiner Sixtinischen Kapelle.

VIII.

Ohne

EHE

ist der Mensch überall und nirgends zu Hause.

Bogumil Goltz

Die Ehe ist ein Buch,
dessen Vorwort in Reimen abgefaßt ist,
während der Rest des Buches
aus Prosa besteht.

B. Nichols

Der Grund für eine Ehe ist meistens ein unhaltbarer Drang nach einem Zusammenleben zu zweit.

Künftige Ehepaare werden vierzehn Tage lang in einem Schaukasten am Gemeindeamt ausgestellt.

Bevor sie heiraten, müssen Mann und Frau gründlich prüfen, ob sie mit allen wichtigen Teilen zueinander passen.

Bei den meisten Leuten ist die Liebe mit dem Unterleib verbunden. Bei manchen geht sie aber auch durch den Magen.

Wer heiraten will, muß gesund sein und verschiedenerlei Geschlechter haben.

Bei einem Ehepaar sind beide aus einem anderen Geschlecht.

Eine Verbindung ohne den Trauschein das ist doch wie ein Fisch ohne Wasser.

Das Zusammenleben ohne Trauschein bezeichnet man in südlichen Gegenden Deutschlands als »Wilderer-Ehe«.

In der Ehe muß man die Pflichten ausüben, sonst wird die Frau böse.

Eine Ehe schließt man auch, um Kinder zu haben. Aber oft sind auch zuerst die Kinder da, unter deren Druck dann die Ehe zustandekommt.

Eine Ehe ist aber auch deshalb recht nützlich, weil man darin die menschlichen Beziehungen ungestört ausüben kann.

Ein Mann sollte erst heiraten, wenn er genug Geld verdient, um sich auch andere wichtige häusliche Gegenstände anzuschaffen.

Wird die Ehe später wieder geschieden, muß meistens einer der beiden Partner arg bluten.

Auf dem Standesamt ging es sehr feierlich zu. Während ein älterer Mann im Hintergrund leise orgelte, vollzog der Standesbeamte an meiner Schwester die Ehe.

Mein Bruder und seine Frau wünschen sich dringend ein Kind. Aber bis jetzt haben sie es noch nicht fertig gekriegt. In der letzten Woche haben sie sich von einem Arzt behandeln lassen und jetzt sind beide guter Hoffnung.

Meine Schwester hat letzte Woche ihren Mann geheiratet.

Bevor ich auf der Welt war, mußten meine Eltern mit sich selber spielen.

es lebe der Leistungszwang

IX.

O

PHYSIK

bewahre mich vor der Metaphysik.

Isaac Newton

Es waren Physiker,
die sich gezwungen sahen, zu erklären,
daß die Materie sich aufgelöst habe.

Werner Keller

Die Erde dreht sich 365 Tage lang jedes Jahr. Alle vier Jahre braucht sie dazu einen Tag länger, und ausgerechnet immer im Februar. Warum weiß ich auch nicht. Vielleicht, weil es im Februar immer so kalt ist und es dann ein bißchen schwerer geht.

Bei einem Gewitter muß man schnell alle Fenster im Auto hochkurbeln. Dann hat man einen Fahrrad-Käfig und der Blitz kann nicht hereinkommen.

Nicht alle Körper sind gleich schwer. Das kommt auf ihren physischen und moralischen Zustand an. Mein Vater sagt oft, heute sei sein Kopf wieder besonders schwer.

Die Schwerkraft betrifft alle. Besonders stark ist sie im Herbst, wenn die Blätter von den Bäumen fallen.

Die Wolken müssen oft große Strecken und in schnellem Tempo zurücklegen. Sie geraten dabei heftig ins Schwitzen, dann regnet es.

Gase lassen sich zusammenpressen, bis es nicht mehr geht.

Wenn man am Meer Ferien macht, kann man die Ebbe und die Flut genau sehen. Das erledigt der Mond. Immer bei Ebbe zieht er das Wasser vom Land weg ins Meer.

Galileo Galilei hat entdeckt, wie man die Erde in Bewegung versetzt. Aber später wollte er das nicht mehr wahrhaben.

Die Astronauten haben auch entdeckt, daß das Hinterteil vom Mond auch nicht schön glatt und rund ist.

Gase sind sehr leicht. Deshalb steigen sie immer nach oben. Dort können wir sie riechen.

Durch die Entdeckungen von Kopernikus wurde auf einmal das ganze Weltbild verrückt.

Zu den vier Elementen gehört auch das Wasser und die Luft. Das Wasser ist sehr mächtig, aber auch wenn es sehr stark drückt, kann man es meistens noch halten. Die Winde dagegen können durch nichts zurückgehalten werden.

Wenn der liebe Gott auch das Wetter macht, bringt er oft etwas durcheinander. Ich kenne das von meinem Opa, und Gott ist ja noch viel älter. Deshalb stimmt auch der Wetterbericht oft nicht.

eh

X.

Die höchste

WEISHEIT

ist, nicht weise zu sein.

Martin Opitz

Weisheit spricht nicht so sehr
aus dem Verstand,
als aus dem Herzen.

Peter Rosegger

Am besten bespricht man Probleme, bevor sie da sind. Dann lassen sie sich später um so leichter beiseiteräumen.

Zuallererst müssen die Menschen ihre Abgase besser zurückhalten.

Was die Zukunft betrifft, mangelt es sehr stark an fehlender Aufklärung.

Immer mehr Menschen bemühen sich jetzt, dem Energiesparen energisch zu Leibe zu rücken.

Die Menschen von heute müssen sich dringend mit der Zukunft befassen, denn sie liegt unmittelbar vor uns.

Die Konserven werden im Konservatorium hergestellt und bleiben so immer frisch.

Das bekannteste an Frankfurt sind die Würstchen, das berühmteste ist Goethe.

Wenn die Eltern sich nicht genügend um ihre Kinder kümmern, reißen sie große Lücken in die Seele, die nicht mehr gefüllt werden können.

Leute, die austreten, finden schwer in die Gesellschaft zurück.

Wenn man erwachsen wird, darf man nicht mehr mit den Eltern am Tisch sitzen und ein lästiger Mitesser sein.

Wenn man achtzehn ist, braucht man keinen Vormund mehr, dann kann man alles selber aussprechen, was einem nicht paßt.

Die Tulpen, die Tomaten und der Kopfsalat kommen fast alle aus holländischen Zuchthäusern und haben nie das Licht der Sonne erblickt.

Für den Menschen ist es jedesmal ein einmaliges Erlebnis, wenn er stirbt.

Ich möchte meinen Eltern nicht immer in der Tasche herumliegen, sondern mein Geld selber verbrauchen.

Wenn ich der liebe Gott wäre, würde ich eine einzige Sprache für alle Menschen machen. Dann müßte ich nicht mehr englisch und lateinisch pauken.

Bereits in der Wiege ist das Kind von der Umwelt umgeben, die es bis ins Alter begleitet.

Wenn wir alle Umstände berücksichtigen, so können wir jetzt alle wieder guter Hoffnung sein.

Im Winter fahren viele Vögel in den Süden in Urlaub, weil es dort wärmer ist.

Wenn ich die Vor- und Nachteile abwiege, sehe ich deutlich, wie verschieden sie sind.

Der einzige, der ein Leopardenfell wirklich braucht, ist nämlich der Leopard.

Man darf nicht alles glauben, was die Leute über andere Leute so sagen. Viele Menschen sind nämlich besser als ihr Ruf, und zwar deshalb, weil ihr Ruf noch schlechter ist als sie.

Das Problem mit den alten Leuten wird es wohl immer geben. Wenn auch viele Alte sterben, so wachsen doch immer neue nach.

XI.

Der

KÖRPER

ist der Einband des Geistes.

J. W. Ritter

In diesem aus Knochen, Haut, Sehnen, Mark,
Fleisch, Same, Blut, Schleim, Tränen,
Augenbutter, Kot, Harn, Galle und Phlegma
zusammengeschütteten übelriechenden, kernlosen
Leibe – wie mag man nur Freude genießen?

Yajurveda

Ein Skelett ist ein Mensch, der bis auf die Knochen abgemagert ist.

Dickdarm und Dünndarm kann man am besten mit Pat und Patachon vergleichen. Der eine ist kurz und dick, der andere lang und dünn.

Die Lunge braucht immer frische Luft. Die verbrauchte stößt sie wieder aus. Meistens geschieht das durch den Mund und die Nase. Aber manchmal nimmt sie auch einen anderen Weg. Das hat die Umwelt nicht so gern.

Im Gegensatz zum Rindvieh sind die Menschen keine Wiederkäuer. Wenn sie die Nahrung einmal geschluckt haben, bleibt sie endgültig im Magen. Höchstens wenn es einem schlecht ist, kommt sie noch einmal hoch. Aber dann läßt der Mensch sie auch draußen.

Bevor man die Bazillen sehen kann, muß man ein bißchen auf die Glasplatte machen und dann möglichst groß vergrößern.

Ein Mann hat viele weibliche Eigenschaften in sich und eine Frau männliche. Aber äußerlich sind sie trotzdem verschieden und das wird wahrscheinlich auch so bleiben.

Die Wirbelsäule ist ein aus vielen kleinen Knochen zusammengesetzter Knochenschlauch, der den ganzen Rücken herunterläuft. Auf dem oberen Ende sitzt der Kopf, auf dem unteren Ende sitzen wir selber.

In der Mitte des Bauches liegt der Nabel. Dort war die Leine befestigt, mit der die Hebamme das Baby aus dem Bauch der Mutter herausgezogen hat.

Das Schlagloch auf der glatten Fläche des Bauches nennt man den Nabel.

In der Mitte vom Bauch sitzt der Nabel des Menschen. Dann gibt es auch noch den Nabel der Welt. Wo der sitzt, weiß ich aber nicht.

Jeder Mensch hat zwei Ausscheidungsorgane, eines für den groben Abfall und eines für die Abwässer.

Der Mensch hat zwei Ausscheidungsorgane, die Blase und den Popo. Wenn die nicht ausreichen, kann man im Notfall den Mund zu Hilfe nehmen. Mein Onkel Rainer sagt, ihm kommt's sogar manchmal aus den Ohren raus.

Wir haben sieben Sinne: den Gesichtssinn, den Hörsinn, den Geschmackssinn, den Tastsinn, den Geruchsinn, den Orientierungssinn und den Eigensinn.

Die Ohrläppchen sind von oben bis unten fest mit dem Kopf verbunden. Wenn man aber zuviel daran zupft, leiern sie am unteren Teil aus.

Die Haut umgibt den Körper und schützt ihn. Sie hält Schmutz und Wind vom Fleisch und von den Innereien ab. Deshalb muß man sie auch immer ordentlich schrubben, damit der Schmutz nicht nach innen dringt.

Die meisten Menschen sprechen durch den Mund. Nur vornehme Leute sprechen durch die Nase.

Die menschliche Haut, die wir im Winter wegen der Kälte immer bedeckt halten müssen, wird dadurch sehr schüchtern. Wenn wir sie dann im Sommer nackt in die Sonne halten, wird sie rot.

Über die Ausscheidungsorgane spricht man eigentlich nicht, aber sie sind sehr nützlich. Denn irgendwo muß der Abfall, der vom Essen übrig bleibt, ja herauskommen. Sie sind also die menschliche Müllabfuhr, über die man ja auch froh ist, wenn sie zweimal die Woche kommt.

Es gibt zweierlei Bakterien, gute und böse. Die bösen überfallen die Menschen und bescheren ihnen eine Grippe, die guten lassen es sich im Käse wohlsein und bringen ihm guten Geschmack bei.

In der Natur unterscheidet man zwischen Fauna und Flora. Beide sind aber eng miteinander verbunden. So bilden zum Beispiel die weichen grünen Polster des Mooses einen idealen Unterschlupf für die sogenannte Lebewelt.

Der menschliche Körper besteht aus mehreren Teilen: Kopf, Oberkörper mit Armen, Unterleib mit Beinen. Der wichtigste Teil ist der Unterleib, weil sich dort alle lebenswichtigen Vorgänge abspielen.

Der Mensch hat an seinem Körper mehrere Öffnungen, aber nur mit einer kann er reden.

XII.

FERNSEHEN

ist Kaugummi für die Augen.

Orson Welles

Fernsehen ist ebensowenig schädlich
wie Wein schädlich ist.
Krankhaft ist lediglich die Unfähigkeit,
mit dem lust-versprechenden Angebot
umgehen zu können.

Alexander Mitscherlich

Wenn ich meine Hausaufgaben zur Zufriedenheit meiner Eltern gemacht habe, darf ich meinen Lebensabend vor dem Fernseher verbringen.

Früher gingen die Menschen abends und am Wochenende noch hinaus, um sich gegenseitig zu besuchen. Heute sitzen sie jeden Abend in Massen vor dem Fernseher. Daher kommt auch der Name Massenmedium.

Oft schaltet mein Vater den Flimmerkasten gleich nach Beginn aus. Er sagt, sein Bedarf an Dummheit sei längst gedeckt.

Ohne Fernsehzeitung müßte man den Fernseher einschalten, bevor man sich entschlossen hat, ihn anzumachen.

Die Fernsehzeitungen sind deshalb wichtig, damit die Sendung nicht vorbei ist, bevor man sie bemerkt hat.

Abends sagt mein Vater immer, ich muß jetzt abschalten, und dann schaltet er den Fernseher ein.

Das Fernsehen ermöglicht uns frühzeitige körperliche und geistige Schäden. Von der Seele wollen wir gar nicht erst anfangen.

Bei einem schlechten Programm leidet schon mal ein Möbelstück unter der Behandlung meines Vaters.

Die jugendgefährdeten Filme sind auch für Erwachsene keine bekömmliche Kost.

XIII.

FERIEN

vom Ich.

Redensart

In der langen Zeit dieses Lebens
muß man vieles erleben und erdulden,
was man lieber nicht erlebte.

Herodot

Einer aus Hannover war abends noch nicht zurück. Auch am anderen Morgen nicht. Die Männer von der Bergwacht gingen los. Als sie ihn fanden, lag er mit gebrochenem Glied in einer Spalte.

Jeden Sommer und Herbst machen die sogenannten Nordlichter mit ihren Halbschuhen unsere schönen bayerischen Berge unsicher. Aber nicht nur das, auch weiter oben sind sie sehr sparsam bekleidet und wundern sich dann, wenn sie sich was abfrieren.

Es war ein fürchterliches Hin- und Hergeschiebe, weil auf dem Platz gleichzeitig hundert Kinder empfangen wurden.

Als wir abends von der Wanderung wieder in der Jugendherberge eintrafen, waren wir alle müde bis in die Knochen. Auch unser Lehrer sagte, er spüre sein Glied nicht mehr.

In der alten Ruine kamen wir auf einmal zu einem kleinen Durchschlupf, der eigentlich nur ein Spalt war. Wir quetschten uns alle hinüber, nur die dicke Angie hat es nicht geschafft. Für sie blieb der Spalt ein unüberwindliches Hindernis.

Am Sonntag sind wir in die Heide gefahren, weil uns die Erika gar so sehr lockte. Sie hat uns auch nicht enttäuscht und alle Erwartungen erfüllt. Sie breitete sich aus, so weit das Auge reichte.

Der Sonntagnachmittag war interessant. Wir gingen in den Zoo nach Hellabrunn und besuchten meine Patentante.

Im Hofbräuhaus sorgte zwischen den einzelnen Akten ein hübsches Mädchen für Stimmung und Aufregung unter den männlichen Besuchern. Sie präsentierte nämlich unter ihrem strammen T-Shirt vorne einen Wipp-Busen und hinten ihre Telefonnummer.

Am Sonntag machten unsere Nachbarn ein großes Essen im Freien. Wir waren auch eingeladen. Es war ein schwüler Sommerabend. Die Sterne blinzelten funkelnd herab, die Grillen zirpten um die Wette, die Luft war lauwarm und die Suppe auch.

Die Touristen rennen in jedem Sommer völlig kopflos in unseren Bergen herum. Sie holen sich gebrochene Arme und Beine und manchmal sogar den Tod.

Karl und ich ließen Drachen steigen und noch manches andere. Meine Schwester schaute freudig zu.

Der Weg machte eine Kurve. Als ich die hinter mir hatte, fiel mir plötzlich eine ziemlich kaputte Ruine ins Auge.

Als wir über die Wiese gingen, galoppierte plötzlich ein Stier auf uns zu und wollte uns auf die Hörner nehmen. Wir rannten schreiend weg. Nur unsere Lehrerin blieb mutig stehen. Als der Stier sie erblickte, blieb er auf einmal stehen, sah sie an und rannte dann schnell weg.

Im Allgäu gibt es noch richtige Almen, auf denen es zünftig zugeht. Ein Senner und eine Sennerin leben vom Frühjahr an einsam da oben und machen unter anderem auch schönen Käse. Im Herbst wird dann abgetrieben.

Meine Socken habe ich selber im Bach gewaschen und dann zum Trocknen auf die Wiese gelegt. Als ich sie zum Schluß paarweise zusammentat, ist mir einer abgegangen.

Als wir oben auf dem Berg waren, hatte ich großen Durst. Gott sei Dank überließ mir mein Freund Werner einen Teil seines Wassers.

In Deutschland ist es viel einfacher, Urlaub zu machen, weil man hier alle Leute versteht, wenn man etwas wissen will. Aber in Italien und in Spanien scheint dafür Tag und Nacht die Sonne und man spart dadurch viele Kleider.

In Italien gibt es dauernd Streiks. Als wir ankamen, streikten die Meterologen. Dann gab es fünf Tage lang kein richtiges Wetter.

Meine Schwester bekam im Hotel das schönste Zimmer. Wenn sie auf den Balkon ging, hatte man einen tollen Anblick.

In der Umgebung des Gasthofes gibt es die Möglichkeit zu mehreren Ausschweifungen.

. . . ist ein schönes Ausflugslokal. Es sind immer viele Leute dort an den Wochenenden. Am Muttertag ist der Verkehr besonders stark. Noch mehr Verkehr gibt es dort nur noch am Vatertag und der ist auch lauter.

Da die Sennerinnen nicht jedes Mal hinunter ins Tal gehen können, machen sie gleich oben aus ihrer Milch Butter und Käse. Wenn man zur richtigen Zeit bei ihnen eintrifft, kriegen auch die müden Wanderer was von ihr. Gegen Geld natürlich.

In den Ferien gehe ich immer zu meiner Tante. Sie wohnt in einem Dorf am See. Daß der Sommer da ist, merkt man dort vor allem daran, daß sich die Leute dauernd vermehren.

Seit vielen Jahren ernähren sich die meisten Ruhpoldinger von ihren Gästen.

Der Schwarzwald ist so groß, daß man darin herumlaufen kann, bis man schwarz wird. Daher hat er auch seinen Namen.

Bevor es endgültig losging, wurden alle Mitglieder in Männer und Frauen zerteilt.

Als wir an dem Kiosk ankamen, waren wir so hungrig, daß wir wie eine Meute Hunde über die Verkäuferin herfielen.

Das schönste an den Ferien ist, daß ich früh immer spät aufstehen darf.

Es liegt nicht in der Natur des Menschen, ihr ganzes Leben an einem bestimmten Ort zuzubringen.

Aber wir können uns das nicht leisten, weil die Preise inzwischen gastronomische Ausmaße angenommen haben.

Das Wetter war schön. Die Sonne lachte den ganzen Tag über bis in den Abend hinein. Auch das Essen war sehr gut und viel. Wir konnten es kaum hinunterbringen. Überhaupt befanden wir uns alle in gesegneten Umständen.

Meine Eltern wollten im letzten Urlaub möglichst ungestört sein von fremden Leuten. Deshalb haben sie sich in ein stilles Örtchen im Allgäu zurückgezogen.

Am Strand bei Rimini, wo wir immer Ferien machen, laufen die meisten oben ohne herum, viele auch unten ohne. Im letzten Jahr lag neben mir immer eine Dame, die hatte ein derart winziges Höschen an, daß man es überhaupt nicht mehr gesehen hat. Meine Eltern allerdings ziehen zum Baden immer Bikinis an.

Venedig ist von vielen kleinen Flüssen und Bächen durchkreuzt. Das größte Stück festes Land liegt auf dem Markusplatz, den die Italiener Pizza nennen.

Das schöne an der Riwiera ist, daß da überall der Strand gleich am Meer ist. Wenn ich dort bin, bade ich den ganzen Tag und fast immer im Wasser.

Letztes Jahr machten wir eine Kreuzfahrt auf der Donau. Den ganzen Fluß entlang begleitete uns das Ufer, erst im Schwarzen Meer verließ es uns und ging seine eigenen Wege.

Ich möchte meine Ferien gerne einmal in Marocko zubringen. Aber mein Vater sagt, da fährt er nicht hin, weil das ist ihm zu teuer und außerdem ist er dort ganz sprachlos.

XIV.

Wem die

GESUNDHEIT

fehlt, dem fehlt alles.

Französisches Sprichwort

Kranke Menschen sind immer
wahrhaft vornehmer als gesunde;
denn nur der kranke Mensch ist ein Mensch,
seine Glieder haben eine Leidensgeschichte,
sie sind durchgeistet.

Heinrich Heine

Wenn man sich den Puls fühlt und kein Klopfen spürt, ist man tot.

Nach ihrer schweren Krankheit ging meine Schwester in Erholung. Als sie zurückkam, blitzten ihre Augen und sie hatte einen runden Bauch, eine Folge vieler genußreicher Stunden.

Daß man einen Magen oder ein Herz hat, spürt man erst, wenn sie weh tun. Gesund ist man nur, wenn man gar nichts von sich spürt.

Die Schwestern im Krankenhaus müssen sich auch bei Männern gut auskennen.

Der Patient wird auf den Operationstisch gelegt, dann wird er betäubt. Bevor die Chirurgen ihn aufschneiden, setzen sie sich Masken auf. Wahrscheinlich damit der Patient sie nicht erkennt, falls er früher als vorgesehen aufwacht.

Ich war schon dreimal im Krankenhaus. Das erste Mal bekam ich dort die Masern, dann den Mumm und zuletzt die Mandeln.

Die Zähne sind für den Menschen sehr wichtig. Die Milchzähne, die man als Kind hat, verliert man später, weil sie zu weich sind, um sich damit durchs Leben zu beißen. Mit den zweiten Zähnen geht das schon besser. Manche brauchen sogar die dritten Zähne, denn ganz zuletzt muß man noch ins Gras beißen.

Die Chirurgen und die Operationsschwestern setzen sich Masken vor Mund und Nase, damit sie nicht auch vom Narkosegas betäubt werden.

Oft ist eine Bluttransfusion für die Verletzten die letzte Rettung. Allerdings nur, wenn sich die beiden Blutarten gut mixen lassen.

Verstauchen kann man sich nicht nur den Knöchel oder das Handgelenk, sondern auch viele andere Teile. Wenn es passiert ist, muß man das Glied in kaltes Wasser tauchen. Hinterher läuft es blau an.

Wenn man kurzsichtig ist, geht man zum Optimisten und läßt sich eine Brille verschreiben.

Die neuen Zähne von meinem Opa sind zu seiner Zufriedenheit ausgefallen.

... und dann hat der Arzt zu meinem Vater gesagt, er solle in Zukunft mit dem Essen aufpassen, wenn unsere Vorfahren so gegessen hätten wie wir, wären sie schon längst tot.

Im Frühling, der ersten der vier Jahreszeiten, schlagen die Bäume aus und die Menschen sich mit Erkältungen herum.

Erbkrankheiten kann man sich auf den Toiletten holen.

Meine Oma hat so starke Gelenkschmerzen, daß sie ihre Arme kaum noch über den Kopf heben kann. Mit den Beinen geht es ihr genauso.

Die Mitglieder vom Roten Kreuz widmen sich ganz der Liebestätigkeit. Die meisten tun es umsonst, nur die, die es beruflich tun, bekommen Geld dafür.

XV.

Was doch soll ich zuerst
und was zuletzt dir

ERZÄHLEN

Homer, Odyssee

Es kommt sehr selten vor,
daß Menschen eine Begebenheit so einfach,
wie sie sich zugetragen hat, erzählen,
ohne daß sie dem Bericht etwas
von ihrer persönlichen Auffassung beimischen.

Benedictus de Spinoza

Weil er dem furchtbaren Menschenvergießen Einhalt geben wollte, streckte er dem Feinde seine friedliche Hand entgegen. Der ergriff sie freudig, denn auch er und seine Soldaten waren zu müde, noch länger die blutigen Köpfe zu schlagen.

Der Besitzer der Burg war von uraltem Adel. Sein Geschlecht war schon vor vielen Jahrzehnten ausgestorben, und er selbst war auch ziemlich betagt.

Sie flehte den König an, bat ihn um himmelschreiende Gerechtigkeit, sie warf sich vor seine Füße wie ein krümmender Wurm. Aber er war blind für ihre Seufzer.

Nachdem Odysseus 20 Jahre lang fremdgegangen war, wollte er endlich wieder den heimischen Herd betreten.

Odysseus war viele Jahre fort von zu Hause. Dort wartete sehnsüchtig seine Frau Odyssee.

Als der Jäger den dicken Bauch der vermeintlichen Großmutter sah, da wußte er gleich, was passiert war.

Der Mann stemmte sich gegen das Tor. Aber das Wasser hatte einen solchen Druck, daß er es bald nicht mehr halten konnte.

Der Hauptmann zog eilends seinen Säbel und schoß den Angreifer nieder.

Er sah in ihm seinen großen Lehrmeister und er verließ dem sein Haus nie, ohne etwas Wertvolles mitgenommen zu haben.

»Ich habe alle Hände voll zu tun«, sagte der Bürgermeister der Stadt. So reichte er dem Besucher auch keine, die der hätte schütteln können.

Er jagte den Feind den ganzen Tag, bis er ihn in einem schmalen Seitental in die Enge getrieben hatte. Dort machte er ihm den Ganz- und Garaus.

Der Jagdherr aus der Stadt war ganz verrückt nach dem Wild. Mein Vater mußte alle Nachbarn zusammenholen, und der Herr versprach ihnen eine hohe Belohnung, wenn sie es mit ihren Hunden treiben.

Als die Männer zurückkamen, waren sie steifgefroren. Sie standen um das prasselnde Feuer und wärmten ihre Glieder.

Die Prinzessin erkennt ihren zukünftigen Mann zunächst nicht. Er hat sich nämlich als Frosch verkleidet, um zu prüfen, ob sie ihn auch liebt oder nur sein Geld will.

Mephisto kann nicht genug kriegen. Immer wieder verführt er den wissensdurstigen Faust. Und der kommt allmählich auf den Geschmack, bis es zu spät ist.

Hermann und Dorothea machten aus ihrer Not das beste und heirateten.

Einer der Männer forderte den Landvogt auf, daß er den Tell endlich entbinden sollte.

Plötzlich leckte der gefährliche Löwe dem Androklus das Gesicht. Die Zuschauer hatten eigentlich das Gegenteil erwartet.

Jetzt gab es für ihn nur noch die allerletzte Möglichkeit. Er ließ sich vor die Königin bringen, erzählte ihr alles von vorne und hinten und schloß seine Rede mit: Und nun setze ich mich mit viel Hoffnung auf Sie.

XVI.

Einen

SPORT

aus etwas machen.

Redensart

Keine Stunde im Leben,
die man im Sport verbringt,
ist verloren.

Winston S. Churchill

Am liebsten lese ich den Sportteil, der montags immer besonders ausführlich ist und alles enthält, was ich am Wochenende im Fernsehen gesehen habe.

Schon die alten Griechen
hatten Olympische Spiele.
Sie fanden damals immer
in Athen statt und
dauerten meistens vier
Jahre.

Seit der FC Bayern wieder Tabellenführer ist, vermehren sich die Zuschauer Gott sei Dank wieder samstags im Stadion.

Für mich ist der Breitner der größte Champignon auf dem Fußballfeld.

Ich habe einen Schikurs machen dürfen und habe zur Freude meiner Eltern und zu meiner eigenen in kürzester Zeit das Wedeln gekriegt.

Die Fußballspieler der Bundesliga bleiben deshalb oft bewegungslos auf dem grünen Rasen stehen, damit man die Werbesprüche auf ihrem Dress lesen kann.

Jeden Mittwoch geht mein Vater zum Kegeln. Dann kommt er immer sehr müde nach Hause, weil man beim Kegeln keine ruhige Kugel schieben darf.

Mein Vater geht oft mit dem Förster auf Jagd. Im Wald klettern sie dann in das Holzhäuschen, das auf den Pfählen steht, und schauen hinaus oder sie legen sich unten auf den Bauch und warten, bis was kommt. Das nennt man in der Jägersprache Anstand.

Der Kampf zwischen den beiden Tschampions war ausgeglichen. Mal ging der eine in die Knie, mal der andere. Aber beide erhoben sich stets wieder wie Aphrodite aus der Asche.

XVII.

Was aber bleibt, stiften die

DICHTER.

Friedrich Hölderlin

Die Literatur eines jeden Landes
erschließt demjenigen,
der sie zu kennen vermag,
eine vollständig neue Welt.

Madame de Staël

Ich lese wahnsinnig gern Kriminalromane und Science fiction. Mit so einem spannenden Buch kann ich mich mehr befriedigen als mit irgendetwas anderem.

Es ist das Schicksal vieler Schriftsteller, daß die Leute erst von ihrem Leben erfahren, wenn sie tot sind.

Später werde ich auch einmal meine Memoiren aufschreiben. Aber erst muß ich einmal welche machen.

In seinen Gedichten gibt der Dichter sein Intimstes zur Interpretation frei.

Bevor der Dichter ein Gedicht machen kann, muß er warten, bis ihm Gefühle kommen. Hat er sie dann alle beieinander, läßt er seine Stimmung ab.

Es gibt auch Gedichte, die sich nicht reimen. Die gefallen mir nicht so gut, da hätte sich der Dichter mehr Mühe geben können.

Viele Gedichte sind so schön, daß sie geradezu in der Seele zerfließen.

Einer der besten Freunde von Goethe, mit der er alles in langen Gesprächen beredete, war der Neckermann.

Minister war Herr von Goethe nicht besonders gern. Er arbeitete lieber geistig.

Bei der Penthesilea gibt es keine Akte, da geht es den ganzen Abend in einem Stück durch.

Während meine Klassenkameraden schon schliefen, beschäftigte ich mich beim Schein einer Taschenlampe mit der Maria Stuart. Obwohl der Lehrer gemeint hatte, sie wäre wahrscheinlich ein Problem für mich, machte sie mir keinerlei Schwierigkeiten.

Obwohl sie (Maria Stuart) durchaus gewisse Reize eines Weibes zur Schau trug, besaß Elisabeth an den richtigen Stellen auch die Härten eines Mannes.

In Goethes Werther sucht eine Frau die richtige Position zwischen zwei Männern.

Siegfried hatte an seinem Körper eine besondere Stelle, die er aber nur der Kriemhild zeigte.

Von Homer weiß man nicht richtig, wie und wo er geboren wurde.

Goethe war Dichter, Minister und Casanova. Bei den Frauen hatte er viel Erfolg. Wenn er sie mit seinen schönen Gedichten eingestimmt hatte, ließen sie ihn meist gewähren. Anschließend schrieb er seine Erlebnisse mit ihnen in seinen Venezianischen Epigrammen und Römischen Elegien nieder. Aber nicht nur seine Abenteuer mit den Italierinnen, auch was er zu Hause auf seinem west-östlichen Diwan mit Einheimischen erlebte.

Da Goethe nicht nur Minister, sondern vor allem ein großer Dichter war, war er immer sehr umschwärmt von schönen Frauen. Ihm gefiel das sehr und er hielt sich dann auch gar nicht zurück. Einmal, als er in eine ziemlich komplizierte Liebschaft verwickelt war, riß er bei Nacht und Nebel nach Italien aus. Damit er sich dort nicht langweilte, nahm er die noch unvollendete Iphigenie mit, um sie dort fertigzumachen.

Klingers Mutter war eine einfache, aber gute Waschfrau, in deren Hinterzimmer sich Goethe oft vergnügte.

Siegfried hatte seine Achillesferse am Rücken.

Athene schickte ihm einen kräftigen Wind nach.

Faust konnte sich den ständigen Verlockungen von Mephisto gegenüber nicht mehr länger zurückhalten und übergab sich.

Hexameter ist die Maßeinheit, in der man Verse mißt.

Um ein Gedicht richtig zu genießen, muß man es nicht nur auf der Zunge haben, sondern es auch in der Seele zergehen lassen.

Manchmal fällt dem Dichter kein Roman mehr ein und keine Geschichte, vielleicht nicht mal ein Gedicht, sondern nur ein oder zwei kluge Sätze über das Leben. Das nennt man dann ein Afforismus.

XVIII.

Der Weise ist auf alle

EREIGNISSE

vorbereitet.

Jean Baptiste Molière

Damit ein Ereignis Größe habe,
muß zweierlei zusammenkommen:
der große Sinn derer, die es vollbringen,
und der große Sinn derer,
die es erleben.

Richard Wagner

Der Freund von meiner Schwester wurde als erster Gewinner eines Autos aus der Trommel gezogen.

Als sie das hörte, fiel sie aus allen Wolken. Ein halbes Jahr später war sie tot.

An allen Straßenecken und auf dem großen Platz standen Frauen und junge Mädchen und boten das Schönste an, was sie hatten.

Nach dem Begräbnis schloß er sich wochenlang zu Hause ein, um die Wunden zu heilen, die ihm seine tote Frau zugefügt hatte.

Meine Mutter sah mich mit vorwurfsvollem Ton an.

Als wir zurückkamen, lag die herrenlose Damenjacke immer noch auf der Sitzbank.

Ich habe meine Schwester jeden Tag gelöchert, aber sie wollte das Kind nicht aus dem Sack lassen.

Auf das Formular mußten wir laut und deutlich unsere Namen schreiben.

Alle Gesichter strahlten, manche hielten sich sogar den Bauch vor lachen.

Der große Platz war fast schwarz von buntgekleideten Menschen.

Zum Glück konnten die Bewohner noch vor der Feuerwehr in Sicherheit gebracht werden.

Erst nachdem wir ihn lange drum gebettelt hatten, ließ er einige fahren.

»Wasser marsch«, befahl der Feuerwehrhauptmann, und alle seine Männer, die mit dem Rohr in der Hand bereitstanden, gaben gleichzeitig einen starken Strahl Wasser ab.

Meiner Mutter fiel ein großer Stein von der Brust.

Der ganze Marktplatz war gedrängt voll. Die Menschenmenge pflanzte sich sogar in den Nebenstraßen fort. Weil sie aber dort nichts sehen konnten, wurde ihnen über Lautsprecher der Marsch geblasen.

Da ist er noch einmal mit beiden Augen davongekommen, dem lachenden und dem weinenden.

Neulich waren wir alle beim Fotografen. Der hat uns erst zusammen und dann einzeln aufs Bild gebannt. Mutti hat gestern das Ergebnis abgeholt. Weil ihr Vati so gut gefallen hat, hat sie ihn mitten auf die Kommode gestellt.

Er rannte nicht weg, weil er dem Tod ins Auge sah, sondern weil er sein Leben retten wollte.

Fröhlich singend fuhr der Bus los.

Unermüdlich warfen die Fischer ihre Angelhaken aus, an denen der Wurm den Fischen Appetit macht, aber keiner ging ihm ins Netz.

Obwohl wir uns große Mühe gaben und mehrmals in unsere Hände spuckten, waren wir am Abend mit der Tribüne nicht fertig. Aber schließlich wurde Romulus und Remus auch nicht an einem Tag erbaut.

Als gerade alle zu dem lockenden Büffet strebten, ging plötzlich das Licht aus. Da gab es ein großes Tohu und auch ein Bohu.

In jedem Sommer wird die Seeschlange von Loch Ness am Busen neugieriger Touristen und Zeitungsleser genährt.

Weil meine Mutter seit langer Zeit nicht mehr richtig schlafen konnte und mein Vater das ewige Gejammere satt hatte, rief er einen Wünschelrutengänger zu Hilfe. Der ging mit seiner Wünschelrute durch das Schlafzimmer und über dem Ehebett schlug sie narrisch aus. Unter dem Bett entdeckte er drei starke Wasseradern.

XIX.

MUSIK

ist angenehm zu hören,
doch ewig braucht sie nicht zu währen.

Wilhelm Busch

Es ist nicht erforderlich,
Musik zu verstehen.
Man braucht sie nur zu genießen.

Leopold Stokowski

In der Aufführung, die mir sehr gefallen hat, sangen unter anderem der Chor der Staatsoper München und der Gefangenenchor aus Nabucco.

Im Radio kommt oft ein Konzert von Antante und Allegro. Das höre ich mir gerne an.

Johann Sebastian Bach war der berühmteste. Es gab aber auch noch andere Bäche, die allerdings nicht so fruchtbar waren.

Orgel und Klavier unterscheiden sich vor allem dadurch, daß an der Orgel die größeren Pfeifen sitzen.

Man kann also sagen,

daß Mozart

ohne seinen Vater

nicht so früh,

vielleicht sogar gar nicht

dankbar wäre.

Musik höre ich gerne. Besonders die von Mozart. Neulich Sonntagmorgens gab es ein schönes Konzert von ihm. Es begann mit einer Widmung an Tante Mantroppo.

Der Darm ist die beste Möglichkeit, wohlklingende Töne zu erzeugen. Je dünner der Darm, umso höher die Töne, je dicker, desto tiefer. An der Baßgeige kann man das besonders gut hören.

Dann traf Clara die Liebe zu Robert Schumann. Aus diesem Zusammentreffen gingen acht Kinder hervor sowie die fortschreitende Geisteskrankheit von Robert.

Wolfgang Amadeus Mozart kam praktisch mit dem Klavier auf die Welt und wurde jedes Jahr größer mit ihm.

Der Dirigent, der alles genau überblickt, gibt jedem Mitspieler einen Wink, damit er weiß, wann er muß.

XX.

ESSEN und TRINKEN

hält Leib und Seele zusammen.

Sprichwort

Der Mensch lebt nicht von dem, was er ißt,
sondern von dem, was er verdaut.

Christoph Wilhelm Hufeland

Alkohol ist ein gefährliches Genußmittel. Trinkt man kleine Mengen, sieht man auf einmal doppelt, trinkt man große Mengen und das lange Zeit, wird man blind.

Weil meine Mutter arbeitet und meine Oma nicht mehr selber kochen kann, bekommt sie jetzt Essen auf Rädern. Sie sagt, daß das gar nicht so schlecht ist, manchmal bekommt sie sogar Wiener Schnitzel auf Rädern.

Der Tisch war übermäßig gedeckt. Wir haben in uns hineingestopft, was wir nur konnten. Als meine Schwester noch mal was vom Nachtisch nehmen wollte, hat ihr Freund zu ihr gesagt, sie solle jetzt aufhören, er schlafe nicht gern auf vollem Magen.

Die Beyern geben die beste Milch, vorallem die Sennerinnen im Allgäu.

XXI.

ALLTAG

ist nur durch Wunder erträglich.

Max Frisch

Was dich bewegt und tief erregt,
Was ist es denn so Wicht'ges eben?
Hast du dir's recht zurechtgelegt,
war's nur ein Stückchen Alltagsleben.

Franz Ludwig Feodor Löwe

Das meiste bringt der Postbote umsonst ins Haus, nur wenn er Nachnamen abliefert, müssen wir dafür bezahlen.

Neulich wollten meine Eltern ein eigenes Haus bauen. Als sie aber die Rechnungen angeschaut haben, sind sie wieder in Abstand davon getreten. Mein Vater hat gesagt, diese gastronomischen Preise können wir nicht bezahlen, da bluten wir ja noch, wenn wir schon lange tot sind.

Auf dem Friedhof liegen die Gestorbenen begraben, die dort ihre letzte Ruhe gefunden haben. Aber auch andere Menschen werden dort beerdigt. Fast jeden Tag findet eine Leiche statt. Bei offenem Fenster können wir hören, wie sie singen.

Die Polizei hilft uns bei Einbruch, Diebstahl oder sogar Mord.

Die Gemüsefrauen decken bei sich alles zu, damit ihre schönen Sachen nicht schlapp werden.

Jeden Freitag kommt in unsere Straße ein Gemüsehändler und macht da ein großes Geschäft.

Seit meine Schwester ihren neuen Freund hat, wirft sie ihm immer schmachtvolle Augenblicke zu, sobald sie nur einen Zipfel von ihm sieht.

Über uns wohnt ein alter Rentner. Er befindet sich Tag und Nacht in einem dunkelkrünen Anzug, der nicht einmal Sonntags zur Ruhe kommt. Er redet mit niemand, dafür um so mehr mit sich selbst.

Eigentlich wollte meine Schwester nach Hamburg ziehen und dort eine bessere Stelle annehmen. Aber ihr Freund hat sie so lange bedrängt und geliebt, daß sie schließlich nicht mehr gehen konnte.

Mein Vater schimpft immer mit meinem Bruder, daß er sein ganzes Geld sinnlos verpraßt, obwohl er gar keines hat.

In diesem Monat war schon dreimal der Gerichtsvollzieher bei uns und hat seinen Kuckuck hinterlassen. Ich bin schon ganz verzweifelt, was er das nächste Mal wegnehmen wird. Aber meine Mutter sagte, auf gewisse Teile von ihr darf er seinen Kuckuck nicht kleben.

Ich kriege bloß fünf Mark Taschen geld in der Woche. Diese Summe kommt nicht mit mir aus.

Das Auffallende am Supermarkt ist, daß er eine große Auswahl von ein- und demselben Artikel hat.

Im Gegensatz zum Supermarkt wird man vom kleinen Geschäft noch persönlich befriedigt. Da zeigt es sich, daß eine wissende Verkäuferin hilfreiche Hand anlegen kann, wenn man es nötig hat.

Während wir zum Essen am Tisch sitzen, muß unser Boxer Harras brav darunter bleiben, und darf sich ja nicht unterstehen zu betteln. Aber nachher geht er mit Mutter in die Küche und frißt die Reste von ihr.

Einen Sonnenaufgang habe ich noch nie erlebt, weil ich noch nicht so lange aufbleiben darf.

Unser Pfarrer hat gesagt, wir sollen jeden Tag eine gute Tat tun. Jeden Tag habe ich keine Zeit oder keine Lust. Aber so zweimal bis dreimal in der Woche stehe ich jetzt der Frau Kessler zur Verfügung. Meistens hat sie keine großen Ansprüche und ich habe sie schnell fertiggemacht. Daran sehe ich immer, wie leicht es ist, eine alte Witwe glücklich zu machen.

XXII.

Die

POLITIK

verdirbt den Charakter.

Bernhard Brigi

Das Fundament aller Staatskunst besteht darin,
die Menschen zu täuschen über das,
was ihr eigener Vorteil ist.

J. J. Mohr

Seit unser neuer Bundeskanzler die Aufschwungwende eingeführt hat, sind wir alle wieder in anderen Umständen und in guter Hoffnung. Meine Eltern auch.

Die Umweltschützer haben jeden Baum gekreuzigt, den sie umbringen wollen.

Dabei hat sich herausgestellt, daß die Stadt oder die Gemeinden sich viel zu wenig um eine gesunde Fortpflanzung gekümmert haben. Jetzt ist es wahrscheinlich zu spät. Die alten Bäume kann man vergessen, und die jungen taugen auch schon nichts.

Viele Stunden fallen bei uns aus, weil die fehlenden Lehrer immer mehr werden.

Wenn keine Zeitung erscheint, weiß man gar nicht, wer gestorben ist, auch nicht, was Tengelmann für ein Sonderangebot hat. Man lebt dann wie auf dem Mond.

Alle Leute müssen miteinander reden, auch mit den Russen, weil sonst der Frieden gefährlich wird.

Im Wahlkampf hasten die Politiker von Rede zu Rede, um mit möglichst vielen Leuten intim zu werden. Dadurch holen sich viele Politiker die Menscherkrankheit. Diese führt sie dann oft zum Herzinfarkt und zum endgültigen Tode.

Meine Mutter mußte als Freiwillige im Wahllokal helfen. Sie stand die ganze Zeit an der Urne und paßte genau auf, daß die Leute ihre Sachen ordentlich in ihren Schlitz steckten.

Nach dem Mittagessen ging ich mit meinen Eltern zur Wahlstatt. Dort standen schon viele Leute Schlange, um die Urne vollzumachen.

Im Wahllokal machte sich mein Vater an der Liste zu schaffen. Als er endlich wußte, was er wollte, machte er das Kreuz. Dann ging er zu der freundlichen Helferin, die ihm erwartungsvoll den Schlitz öffnete.

Jeder Mensch, auch die Frauen, darf sich mit achtzehn seinen Abgeordneten selber aussuchen.

Von den Löhnen wird immer viel Geld abgezogen, damit sich der Staat die Finanzämter leisten kann.

Die deutschen Steuerzahler sind unersättlich, was dem Haushalt des Staates zugute kommt.

Im Februar hatte der Tiefstand der Arbeitslosigkeit seinen höchsten Punkt erreicht.

Der Staat und die Unternehmer müssen die Arbeitslosen mit allen Mitteln bekämpfen, vor allem zur Beseitigung von arbeitslosen Jugendlichen muß sich die Regierung bald die beste Endlösung einfallen lassen.

Die Amerikaner vergessen manchmal, daß sie ja fast alle von uns abstammen, daß sie also ohne uns Amerika gar nicht entdeckt hätten.

Die verschmutzte Luft ist in den Großstädten besonders dick, weil dort die Abgase und die Ausdünstungen der Industrie, der Autos und besonders vieler Menschen zusammenkommen.

Jeder einzelne von uns bildet zusammen die Gesellschaft.

Seit einiger Zeit haben wir einen neuen Bundeskanzler. Er heißt Kohl und er liegt auf unserer ganzen Hoffnung, denn so können wir nicht länger weitergehen.

Seit Bundeskanzler Kohl die Wende eingeleitet hat, kommt es an vielen Stellen zum Aufschwung. Sogar die Babys sind wieder im Vormarsch.

Am bekanntesten ist der Ministerpräsident Strauß. Er kommt aus Bayern. Er hat einen dicken Hals, er regt sich immer sehr auf, weil ihn die anderen dauernd an seinem Zeug herumflicken wollen.

Der Aufwärtstrend dieser Partei ging dann ständig nach unten.

Der Verkehrsminister muß außerdem auch aufpassen, daß den Menschen beim öffentlichen Verkehr nichts passiert, daß dieser regelmäßig stattfindet und daß man überall gut hinkommt.

XXIII.

Alle

BERUFE

sind Verschwörungen gegen die Laien.

George Bernard Shaw

Das Wichtigste im Leben
ist die Wahl eines Berufs.
Der Zufall entscheidet darüber.

Blaise Pascal

Mittwochnachmittags haben alle Ämter und Behörden geschlossen. Da kann man nirgends sein Geschäft erledigen und sei es noch so dringend. Da bleibt einem nichts anderes übrig, als es bis zum nächsten Morgen zurückzuhalten.

Lauthals brachte eine wortschnelle Dame ihre Strumpfhosen an den Mann.

Jedes Unternehmen muß die Leute auf seine Waren aufmerksam machen, damit die es kaufen. Wenn die Firma noch zu klein ist, um sich die teuere Werbung zu leisten, muß sie wenigstens Reklame machen.

Wer eine eigene Firma gründen will, muß viele Gesichtspunkte abwiegen, bevor er damit handeln kann.

Viele Eltern wollen, daß ihre Kinder das werden, was sie nicht geworden sind, und sind dann enttäuscht.

Alle gesuchten Leerstellen sind schon voll, bis man selber hinkommt.

Ich werde mir einen verdienstvollen Beruf wählen, damit ich mir alles kaufen kann, was ich will.

Für den Arbeitgeber ist die Schwangerschaft immer unangenehm. Er muß bezahlen, ohne von der Frau etwas zu haben.

Ein Arbeitgeber, der Frauen einstellt, muß immer mit einer Schwangerschaft rechnen.

Für den Unternehmer ist die Schwangerschaft der Frau genauso lästig wie der Wehrdienst des Mannes. Vielleicht noch mehr, weil viele Frauen nach der Geburt keine Lust mehr haben, aber von Gesetz wegen noch ihr Geld kriegen.

Die kleinen Geschäfte um die Ecke, wo man noch so behandelt wird wie früher, heißen Tante-Emma-Läden. Die Geschäftsfrau muß viel arbeiten und kriegt immer weniger Geld dafür. Wenn sie den letzten Kunden befriedigt hat, muß sie anschließend immer noch den Boden aufwischen und so.

Wenn ich die Schule hinter mir habe, werde ich Entwicklungshelferin. Ich fahre dann zu den Frauen in Afrika und lerne, wie sie Kinder pflegen und kochen.

Der Berufsberater vom Arbeitsamt hat mir sehr zugesetzt. Er hat mir alles offen dargelegt und gesagt, etwas Besseres hätte er im Augenblick nicht zu bieten, und wenn ich jetzt nicht sofort zugreife, würde er es anderen Mädchen anbieten. Er wüßte einige, die scharf drauf wären.

Mein Vater ist ein unfallfreier Taxifahrer, dem auch von fremder Seite noch nie jemand ans Blech ging. Später werde ich mir auch eine Konzeption geben lassen und mein Geld im Sitzen zu verdienen.

Bevor eine Frau heiratet, sollte sie erst mal ihr eigener Herr in ihren eigenen vier Wänden sein, dann kann sie hereinlassen und rausschmeißen, wen sie will und wann sie will.

Natürlich will ich von meiner Familie ausziehen, sobald ich erwachsen bin. Aber daß ich dann nicht so allein bin, werde ich mich mit meiner ganzen Liebe auf meine Freundin legen.

Was ich später einmal für einen Beruf ergreife, weiß ich noch nicht. Immer mehr Männer werden ja von Maschinen ersetzt und ich weiß noch nicht, ob ich da auch dabei bin.

Mein Bruder hat sich dann selbständig gemacht. Als er seine Werkstatt einrichtete, stellte er am Anfang noch so manches als Profisorium hin. Er sagte, man muß nicht sofort perfekt sein, in der Beschränktheit zeigt sich der Meister.

Im Stoßbetrieb müssen die Verkäuferinnen die Kunden mit flinken Handgriffen fertigmachen.

Ich bekomme im Herbst die gefundene Lehrstelle. Wie man mir sagte, war ich von allen eingegangenen Bewerbern der beste.

Mein Vater ist Fahrer. Er macht das schon seit zwölf Jahren. Er hat große Erfahrungen im Autobus gesammelt. Deshalb ist er im Verkehr auch ohne Bums und üble Folgen geblieben.

Mein Vater ist schon seit zwanzig Jahren in der städtischen Verwaltung tätlich. Auch mein Bruder hat sich in dieser Hinsicht ausgebildet und wartet auf seinen Einsatz. Ich werde auch diesen Spuren folgen.

XXIV.

Ich liebe in der

GESCHICHTE

bloß die Anekdoten.

Prosper Merimée

Die Geschichte soll nicht
das Gedächtnis beschweren,
sondern den Verstand erleuchten.

Gotthold Ephraim Lessing

Nach dem zweiten Weltkrieg wurden die Deutschen von den Amerikanern vom Narzißmus befreit.

Die Pharaonen waren die Könige von Ägypten. Wenn sie starben, machten die Hinterbliebenen aus ihnen Konserven, damit sie noch möglichst lange etwas von ihnen hatten. Damit diese Konserven nicht verdarben, bauten sie die Pyramiden und taten sie da hinein. Drinnen war immer die richtige Lagertemperatur.

Der große Kurfürst nahm die französischen Hottentotten freundlich bei sich auf.

Im Turnier brachen die tapferen Ritter eine Lanze für die Damen, die sie anbeteten. Die Sieger gingen anschließend zu ihnen, knieten vor ihnen und holten sich was.

Im Mittelalter wurden die Menschen nicht so alt wie heute und sie hatten auch nicht so starken Verkehr.

Im dreißigjährigen Krieg nannte man die besten und stärksten Soldaten Muskeltiere.

Die chlorreichen Kriegsschiffe segelten von einem Sieg zum nächsten. Nur wenn es windstill war, hatten sie eine Flaute. Die Gegner aber auch.

Dann brachen die beiden Männer den Schrank der Königin auf, weil sie dort ihre Intimitäten vermuteten.

Als der Feldherr sah, daß die Schlacht verloren war, übergab er sich und alle seine Soldaten taten es ihm nach.

Das Trojanische Pferd war nur außen ein Pferd. Innen war es ein Wohnmobil.

Die Griechen waren die ersten Philosophen der westlichen Welt. Sie taten sich leichter damit, weil sie weder griechisch noch lateinisch lernen mußten.

Im alten Rom gab es Frauen, die mußten 30 Jahre lang Jungfrau bleiben. Sie wurden Westfalinnen genannt. Eine von ihnen hatte zwei Söhne, den Romulus und den Remus.

Bis zum Jahre 1524 liegt über unserer Stadt eine Zeit, die auch bei näherer Beleuchtung in tiefes Dunkel gehüllt bleibt.

Nach der Schlacht war das weite Feld mit Leichen übersät. Sie waren alle tot, bis auf einige wenige.

Die Kreuzritter waren viel unterwegs, und die Burgfräuleins saßen in den leeren Burgen und warteten sehnsüchtig auf ausgezogene Männer.

Die Hofdamen hatten Pagen. Das waren junge Knaben, die ihnen immer zu Dienst sein mußten. Wenn sie zum Beispiel die langen Treppen zum Palast hochgingen, mußten sie ihnen die Röcke aufheben.

»Es geht nicht«, sagte Papst Impotenz III. und lehnte händeringend die Bittgesuche der Pfarrer und Geistlichen ab, die sich eine Frau nehmen wollten.

Die Ägypter nahmen ihre Toten aus wie eine Weihnachtsgans. Dann wickelten sie sie in Mullbinden und imprägnierten sie. So blieben sie bis heute in gutem Zustand.

Aus den Neandertalern entwickelten sich allmählich die Germanen und daraus die Deutschen. Heute gibt es nur noch einzelne, die wie Neandertaler aussehen.

Maria Theresia war fast ihr ganzes Leben schwanger, solange sie noch nicht zu alt dazu war. Sie bekam im Laufe der Zeit 16 Kinder. Dazwischen regierte sie mit energischer Hand Österreich.

Die berühmtesten bayerischen Adelsgeschlechter sind die Wittelsbacher, die Habsburger und die Wolpertinger.

Hannibal war der größte römische Feldherr, der auf allen Schlachtfeldern zu siegen oder zu sterben wußte.

Die Franzosen waren von ihrem Sieg so berauscht, daß sie sich kaum auf den Beinen halten konnten.

Die ersten Menschen gingen mit historischen Werkzeugen auf die Jagd.

Als Zeugen der vergangenen Geschichte dienen uns heute auch steinerne Denkmäler wie Obelisken, Hühnengräber, Basiliken, Emire und Hinkelsteine.

Cäsar unterjochte ganz Gallien und schleppte viele männliche und weibliche Gaullisten als Sklaven mit nach Rom.

XXV.

Die beste Bildung
findet ein gescheiter Mensch auf

REISEN

Johann Wolfgang von Goethe

Wir mögen die Welt kennenlernen
wie wir wollen,
sie wird eine Tag- und eine
Nachtseite behalten.

Johann Wolfgang von Goethe

Die Bundesrepublik zerfällt in drei Teile, in die eigentliche Bundesrepublik, die aus den Bundesländern besteht, in Berlin und Bayern.

Die wichtigsten bayerischen Flüsse sind die Donau, der Main, die Isar und der Wittelsbach.

Die deutschen Alpen sind auch in Österreich und in der Schweiz ziemlich verbreitet.

Der Rhein war einmal Deutschlands schönster und stolzester Strom. Aber das ist schon lange her. Jetzt schütten die Menschen und Fabriken Tag und Nacht stinkenden Unrat hinein und beschmutzen damit sein Bett.

An manchen Stellen ist das Meerwasser so salzig, daß die Fischer dort Salzheringe fangen können.

Jedes Jahr im Frühling kann man deutlich sehen, wie der Po gewaltig anschwillt.

Der Ätna ist noch ein sehr tätiger Vulkan. Erst im letzten Jahr hatte er wieder eine sehr starke Erektion.

England unterscheidet sich von Deutschland vor allem dadurch, daß es überall an der Küste liegt.

Eine beliebte Eigenschaft der Engländer ist das Schlangestehen. Sie tun es, so oft sich ihnen die Gelegenheit bietet.

Engländer sind vielseitig verwendbar. Mein Vater repariert mit ihm das verstopfte Waschbecken.

Wenn der Nil über seine Ufer tritt, freuen sich die Ägypter, weil sie dann sehr fruchtbar werden.

In den meisten Ländern von Afrika sind die Menschen bettelarm. Hunger ist ihr tägliches Brot.

Sandstrand, der im Landesinnern liegt, nennt man in den südlichen Ländern Wüste.

Beneluxus ist ein Land zwischen der Bundesrepublik Deutschland und Frankreich, in dem lauter ziemlich reiche Leute wohnen und im Luxus leben.

Grönland besteht aus viel Eis und wenigen Leuten.

Die Pygmäen sind das kleinste Volk von Afrika und sie werden auch nicht größer.

Der Sankt-Lorenz-Strom liegt in Amerika. Er ist so lang und breit, daß er in Europa auch gar keinen Platz hätte.

In der Sahara besteht die Vegetation fast nur aus Sand und Steinen. Auf die Gegend kann man sich nicht verlassen, weil sie ständig in den Dünen herumwandert.

In China werden jetzt die Versäumnisse von Jahrhunderten nachgeholt. Die Bevölkerung vermehrt sich jährlich um zehn Millionen.

Zu den wichtigsten Bodenschätzen Indonesiens und Indiens gehört der Reis.

Im Urlaub fahren wir immer auf einen Bauernhof. Mein Vater freut sich da immer besonders auf die frische Kuhmilch. Die kann ihm Mutter natürlich nicht bieten.

XXVI.

Was ist das

LEBEN?

Ein Wahnsinn ist's!

Calderon de la Barca

Leben ist, was uns zustößt,
während wir uns etwas ganz anderes
vorgenommen haben.

Henry Miller

Es muß dringend etwas getan werden. Wenn noch lange saurer Regen auf die Wiesen fällt und die Kühe das saure Gras fressen, geben sie nur noch saure Milch. Manchmal ist sie schon heute sauer.

Senioren sind Leute, die nicht mehr arbeiten und immer älter werden. Solange sie arbeiten, sind sie Junioren.

Auch zwischen den Beinen muß man sich jeden Tag gründlich waschen, sonst wird das Schamgefühl gestört.

Wenn man zu arbeiten aufhört, geht es mit dem Altwerden immer weiter bergab. Erst ist man Rentner, dann Senior und zuletzt Greis. Manche werden noch älter. Man nennt sie dann Tattergreise.

Die Frauen vom Roten Kreuz standen an jeder Ecke und schüttelten ihre Büchsen.

Das Glück ist etwas sehr Unsicheres. Mein Vater spielt schon seit fünf Jahren Toto und nie hat es uns überrascht.

Wir Kinder müssen in der Schule viel lernen, weil wir die zukünftigen Menschen von morgen sind, in deren Händen das Alter unserer Eltern liegt.

Wenn man nach New York telefonieren will, liegt dort die Zeit mindestens sechs Stunden zurück. Das liegt wahrscheinlich daran, daß Amerika nach uns entdeckt wurde.

Im Frühling, wenn die Bäume ausschlagen und die Tage länger werden, sind die meisten Menschen wieder guter Hoffnung.

Bald ist der Computer unser wichtigstes Organ.

Bevor man in einen katholischen Orden eintritt, muß man wissen, daß man nie wieder austreten kann.

Viele Jugendliche trauen sich nicht, ein Mädchen, das ihnen gefällt, anzusprechen. Dann trinken sie Alkohol und lassen sich vollaufen. Dann trauen sie sich, aber sie können nicht mehr richtig sprechen.

Die Bauern haben es da besser als die Großstädter. Sie können ihr Geschäft meistens in der freien Natur erledigen. Wir in der Stadt müssen dazu die U-Bahn, die Straßenbahn und den Bus benutzen.

Durch die Gastarbeiter hat sich die Bevölkerung von Rottenburg im letzten Jahr um fast fünfhundert Personen vermehrt.

»Jessas, Jessas, schaun die aber schon leistungsorientiert aus!«

XXVII.

Nicht für das Leben, für die

SCHULE

lernen wir.

Seneca

Wie schnell
vom elterlichen Stuhle,
setzt man uns
auf die Bank der Schule.

Wilhelm Busch

Viele Politiker und Lehrer und andere Erwachsene, die schon am Ruder sind, meinen mit dem Schulstreß sei das gar nicht so schlimm. Die haben leicht reden, die müssen ja nichts mehr lernen; wenn die mal nichts wissen, dann holen sie sich einfach einen Fachmann oder sie veranstalten einen Hering.

Der Aufzug unserer Schule ist nur Lehrern gestattet. Wir Schüler haben darin nichts verloren und deshalb auch nichts zu suchen.

Schüler, die austreten wollen, können sich im Sekretariat die notwendigen Papiere geben lassen.

Der Stuhl des Herrn Professors war dunkelbraun und weich.

An Pfingsten bekommen wir sieben Tage Ferien, während es an Ostern nur eine Woche gab.

Weil die Lehrer mangelhaft sind, fallen viele Schulstunden aus.

Unsere Biologie-Lehrerin schaute meinen Nebenmann auffordernd an. »Und du, Peter?« fragte sie ihn. Peter wurde knallrot im Kopf und schüttelte ihn. Da seufzte die Lehrerin verzweifelt, weil Peter auch nicht konnte.

Als der Herr Direktor uns die Mitteilung machte, daß wir hitzefrei bekommen, brüllten wir vor Freude. Da schrie er, wir sollten gefälligst leise brüllen.

Den ersten halben Tag sitze ich in der Schule und muß aufpassen. Den zweiten halben Tag sitze ich zu Hause und mache Schulaufgaben. Und den abendlichen halben Tag sitze ich vor dem Fernseher. Ich weiß nicht, wann ich endlich mal was tun kann, was mir Spaß macht.

Am liebsten machen wir Bockspringen. Im Freien ist aber keiner da. Dann nehmen wir uns den Lehrer dafür her. Er ist aber kein guter Bock, weil er bald schlapp macht und umfällt. Es sind zu viele, die ihn auf einmal bespringen.

Unsere Lehrerin stand vor der Tafel und zeigte auf ihre Kurven.

Der Lehrer hat gesagt, er wird alles aus uns rausholen, was in uns steckt. Ja was haben wir dann noch?

Meine Schwester hat ein zufriedenstellendes Verhältnis mit ihrem Lehrer. Ich kann das von mir nicht behaupten.

XXVIII.

Alles wanket, wo der

GLAUBE

fehlt.

Friedrich Schiller

Wer den Glauben hat,
dem stehe die Form frei.

Oliver Cromwell

Der Teufel ist ziemlich wasserscheu. Deshalb spritzt der Priester auch in der Kirche herum.

In der letzten Stunde haben wir mit unserem Pfarrer das Ministerium des Glaubens durchgenommen.

Wenn ich Sünden getan habe, ist der liebe Gott böse mit mir und schimpft. Das kann ich aber nicht verstehen, weil er so leise spricht und lateinisch.

Im Gegensatz zu den Mohammedanern, die viele Frauen gleichzeitig heiraten dürfen, ist den Christen nur eine erlaubt. Man nennt das eine Monotonie, das andere Polliphonie.

Die Eltern vom Jesus waren sehr arm und sie mußten in einem zugigen Stall in Bethlehem leben. Da bekam das kleine Christkind auch gleich eine Grippe.

Der liebe Gott ist ein großer Herr mit einem dichten weißen Bart. Ich habe ihn aber noch nie gesehen. Bei der Konfirmation meiner Schwester war er da, der Herr Pfarrer hat es gesagt. Aber da war es zu voll.

In den Missionen lebten die Missionäre. Sie zogen kreuz und quer durch das heidnische Land und zeigten den Eingeborenen, wie man ein richtiges Kreuz macht. Vorher mußten sie jedoch ihre Schamblöße bekleiden und ihre unchristlichen Götzen wegschmeißen.